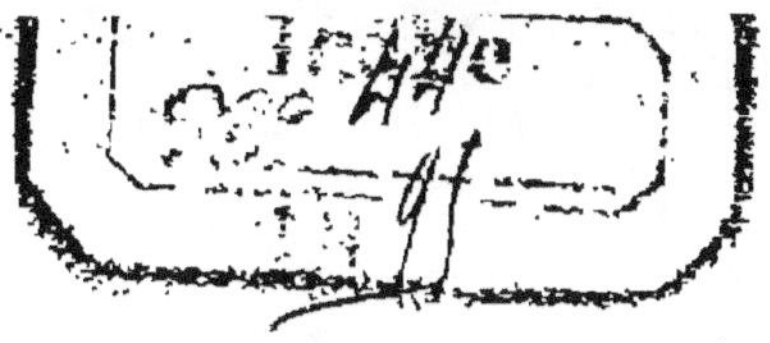

LE
CONGO FRANÇAIS

CONFÉRENCE FAITE A LA SOCIÉTÉ
des Etudes Coloniales et Maritimes
DANS LA SÉANCE D'ASSEMBLÉE GÉNÉRALE
DU 8 MARS 1893
PAR

Charles CERISIER

ANCIEN OFFICIER DE COMMISSARIAT DE LA MARINE

DIRECTEUR DE L'INTÉRIEUR AU CONGO FRANÇAIS

NOTA : Cette conférence constitue le résumé des impressions et des intentions, sinon le programme, d'un des candidats à l'Election de la Délégation au Conseil supérieur des Colonies, qui doit avoir lieu le 15 décembre 1895 au Congo Français.

Elle est publiée à titre de complément nécessaire aux déclarations antérieures faites par l'auteur, qui en laisse l'appréciation aux électeurs intéressés en vue du vote prochain.

ISSOUDUN

IMPRIMERIE TYPOGRAPHIQUE ET LITHOGRAPHIQUE E. MOTTE

1895

LE CONGO FRANÇAIS

CONFÉRENCE FAITE A LA SOCIÉTÉ
des Etudes Coloniales et Maritimes
DANS LA SÉANCE D'ASSEMBLÉE GÉNÉRALE
DU 8 MARS 1893

PAR

Charles CERISIER

ANCIEN OFFICIER DE COMMISSARIAT DE LA MARINE

DIRECTEUR DE L'INTÉRIEUR AU CONGO FRANÇAIS

NOTA : Cette conférence constitue le résumé des impressions et des intentions, sinon le programme, d'un des candidats à l'Election de la Délégation au Conseil supérieur des Colonies, qui doit avoir lieu le 15 décembre 1895 au Congo Français.

Elle est publiée à titre de complément nécessaire aux déclarations antérieures faites par l'auteur, qui en laisse l'appréciation aux électeurs intéressés en vue du vote prochain.

ISSOUDUN

IMPRIMERIE TYPOGRAPHIQUE ET LITHOGRAPHIQUE E. MOTTE

1895

LE CONGO FRANÇAIS

Conférence faite à la Société des Etudes Coloniales et Maritimes dans la séance d'assemblée générale du 8 mars 1893.

Messieurs,

Je sollicite toute votre indulgence, car le développement du sujet de ma communication n'aura peut-être pas tout l'attrait d'un véritable récit d'explorateur ni l'intérêt palpitant qui s'attache aujourd'hui aux mystères du continent africain.

J'ai accepté, sans hésitation, sur l'invitation de notre cher président. de vous parler du Congo, pays que je viens de quitter et sur lequel j'ai plusieurs fois déjà, dans certains milieux, exposé mes impressions.

En renouvelant ici devant vous les quelques parcelles de vérité acquises sur les lieux par contact et *de visu*, et certainement pas rue Royale ou boulevard de la Madeleine, je n'ai qu'un but, celui de vulgariser certaines constatations et propager l'idée d'une mise en valeur intéressée, sérieuse et pratique de nos possessions coloniales de la côte occidentale d'Afrique.

Je sais qu'en ce moment les questions d'Afrique passionnent de fait l'opinion. Indépendamment de toutes les associations ou comités, il y a pas mal de colonisateurs en chambres et en brochures qui revendiquent pour eux le mérite de beaucoup de théories africaines et se sont constitué des monopoles de ces questions sans avoir eu besoin même de traverser la Méditerranée. Je crois devoir, cependant, déclarer qu'il est bon aussi d'avoir foi dans ceux qui ont été sur les lieux et qui, vu leurs sentiments et surtout leur position officielle, ont pu apprécier les situations et se faire une opinion, sinon une conviction, sur ce qu'on peut attendre là-bas de l'avenir.

Dans la circonstance, j'escompte donc vos impressions et en même temps votre part effective d'action morale dans ce concert purement colonial et commercialement maritime où nous devons justifier d'abord la devise de notre Société : *Pro Patria*, et contribuer de tous nos moyens à la réalisation, en un mot, d'une politique coloniale persévérante et productive, et, surtout, patriotiquement intéressée.

En 1890, je me trouvais à Conakry, dans les rivières du Sud, chargé du gouvernement par intérim, et satisfait de mon sort, entre parenthèse, lorsque brusquement, et par raison d'avancement, je fus désigné pour le Gabon-Congo, que j'avais déjà connu, par hasard, en 1868, en me rendant à la Réunion par le Cap de Bonne-Espérance. C'est avec plaisir que je revis Libreville, devenue la capitale du Congo français, depuis le récent décret du 30 avril 1891.

Je refis connaissance avec le mont Bouet, la terrasse de Kerellé, le jardin de la Thisbé, le grand fromager et les manguiers si féconds du plateau, avec les villages de Glass, de Louis et de Denis, toujours les mêmes, quoiqu'ayant un peu perdu de leur originalité de première nature.

La sémillante frégate la *Thisbé* avait été remplacée sur la rade par la puissante *Minerve* comme ponton-hôpital, palais flottant du commandant de la marine, tandis que la carcasse-épave de la belle *Alceste*, souvenir du passé, se profilait dans l'estuaire, échouée devant le port, attendant une bombe de dynamite demandée en France en sa faveur pour débarrasser la rade de sa présence gênante et la remercier de ses antiques et glorieux services.

Le Gabon n'avait pas changé. Je retrouvai là-bas la grandiose et verdoyante végétation d'autrefois, et, surtout, la mélancolique tristesse naturelle du pays, laquelle contrastait singulièrement avec la vie expansive et active des rivières du Sud que je venais de quitter.

C'est le Gabon, chef-lieu Libreville, qui fut le point de départ, en 1843, de notre installation dans ces parages et la base de notre extension dans le mystérieux inconnu du continent noir et permit d'enfanter le Congo français, grâce aux explorations pacifiques, absolument pacifiques de M. de Brazza. Ce point était avant un abominable repaire d'esclaves où les navires négriers venaient s'approvisionner de chair humaine pour l'exportation, quand le gouvernement de Louis-Philippe traita avec le vieux nègre Denis pour l'achat du territoire nécessaire à notre établissement. Aujourd'hui, quarante-neuf ans après, nous avons pu, surtout depuis 1875, constituer les éléments d'un véritable empire africain et maintenir sans difficulté, au milieu des nombreuses races indigènes disséminées aussi bien sur la côte que dans l'intérieur, notre influence, cela sans troupes et sans expéditions. Les fonds que nécessitait l'entretien des troupes ont servi à subventionner une ligne postale de paquebots et maintenant c'est une simple milice indigène de 5 à 600 hommes qui protège toute la colonie au compte du budget local.

L'estuaire du Gabon forme une magnifique rade

de 23 milles de longueur sur une largeur moyenne de 8 à 10 milles pouvant fournir un abri des plus sûrs aux plus grands navires.

Cet estuaire reçoit le tribut des eaux du Como et du Rhamboë. Le Como est navigable jusqu'à Ningué Ningué, même plus haut pour les navires d'un petit tirant d'eau.

Au nord, près du cap Estérias, à 23 milles du Gabon, se trouve la rivière Mondah et le poste de Batah, point commercial assez important.

Au sud, à 60 milles de l'estuaire, aussitôt après le cap Lopez, l'Ogowé, véritable grand fleuve, frère du Congo, qui, malgré ses rapides, constitue une voie sérieuse naturelle de pénétration dans l'intérieur. Il suffirait, avec nos moyens modernes, de l'approprier à nos besoins et de développer sur ses rives les facilités d'établissement. Comme points d'opérations commerciales assez florissantes nous avons sur l'Ogowé, N'Djolé et Lambaréné. L'Ogowé constitue dans tous les cas, tout près du chef-lieu, un moyen de pénétration au sein même du Congo français, sous condition de l'appropriation méthodique qui convient aux grands fleuves. M. Mizon, par exemple, serait plus susceptible que moi de vous fournir des détails à son sujet.

Plus haut que N'Djolé et que Lambaréné, toujours en remontant le cours du fleuve, on rencontre des centres à développer: Franceville, Lastourville, points de ravitaillements, vedettes avancées de notre pénétration et de notre installation civilisatrice.

Au Sud, après le cap Lopez, nous avons sur la côte d'autres points d'établissement, notamment Sette-Cama, Nyanga et Mayumba, puis enfin Loango, point d'où partent pour Brazzaville sur le Congo les caravanes à destination de l'intérieur.

Le voyage par terre de Loango à Brazzaville exige environ vingt-trois jours de transport à pied.

La convention de 1885 et la conférence internationale de Berlin ont fixé nos limites intérieures et l'extension vers le Nord est tout simplement laissée à notre initiative.

Nos récentes missions dans l'intérieur, nos explorations sur l'Oubangui, sur la Shanga et les évènements qui s'accomplissent de ces côtés, la toute récente rencontre de Mizon et de Brazza, tout cela est plein d'enseignements pour notre avenir au centre Afrique et la question d'une délimitation positive et sérieuse de nos possessions actuelles vis-à-vis du Congo belge semble en voie de se solutionner selon nos appétits et nos espoirs, alors que la délimitation du Nord nous laisse entrevoir de larges horizons et la possibilité, surtout avec des explorateurs du genre de Monteil et de Brazza, d'une extension plus complète encore. Le Congo doit nécessairement s'unir au Soudan. Il s'agit donc d'engager la question au point de vue intéressé et de savoir tirer un parti pratique et avantageux du lot qui nous est échu dans le partage de l'Afrique. Le Congo, croyez-le, est une base importante de cette unification africaine à laquelle travaille la France et qui permettra, dans un avenir malheureusement encore lointain, de partir d'Alger en rapide pour venir se payer tout près de Libreville, au cap Lopez, une chasse à l'éléphant ou au bœuf sauvage, en attendant que ce soit pour faire des choses bien plus sérieuses.

Qu'il nous suffise de savoir que le Congo français, au point de vue du climat, n'est pas plus malsain que tous nos autres établissements d'Afrique ni que tous les établissements occupés par les Portugais, les Allemands, les Anglais et les Belges.

La preuve c'est qu'on en revient pour dire ce qu'on a vu.

Lorsque l'on aura enfin compris en France qu'en premier lieu il est indispensable d'améliorer les conditions d'hygiène, d'installation, d'habitation, lesquelles sont absolument primitives en ce moment ; lorsqu'on saura enfin qu'avec le progrès moderne il serait si facile de constituer pour le Français un bien-être relatif, et tempérer de fait les conditions de l'acclimatement pour le nouveau débarqué, aussi bien au chef-lieu que dans les postes, on sera arrivé à atténuer les effets de la mauvaise impression produite dans l'opinion publique par la fièvre bilieuse hématurique et l'anémie.

C'est donc avec une amélioration des conditions de bien-être, d'hygiène et de vie du personnel quel qu'il soit que l'on doit débuter, et, dans cet ordre d'idées, tout est pour ainsi dire à faire, malgré nos efforts antérieurs constants.

Actuellement, nous assistons à une espèce de résurrection à la fois maritime et coloniale. Nous nous occupons un peu plus de nos affaires lointaines, nous avons un peu moins d'indifférence pour nos compatriotes exportés, les bons pour l'exportation d'antan.

En France, aujourd'hui, ce que demandent nos négociants, nos armateurs pour la marine marchande, indépendamment de la prime et de la protection que vient de lui accorder une loi récente, c'est une poussée réelle provenant de l'élément individuel de la métropole et des colonies, mais surtout une poussée d'éléments susceptibles de produire eux-mêmes, d'activer et de maintenir la production quelle qu'elle soit.

Pour avoir des agissants capables d'activer notre exportation comme notre importation françaises et de maintenir sur les mers comme en pays lointain la réputation du pavillon, il faut créer ces éléments d'action, les initier par l'éducation coloniale, surtout en leur mettant sous les yeux la vérité d'abord et ensuite leur découvrant les horizons.

C'est ainsi qu'en 1881, c'est-à-dire il y a douze ans, autrement dit à un moment où la question coloniale était loin d'être *personna grata* dans certains milieux, nous avions compris l'éducation coloniale et que nous avons fait paraître des publications qui ont recueilli certaines adhésions morales assez nombreuses et même les suffrages du Congrès géographique de Bordeaux de 1882. Mon petit amour-propre d'auteur m'incite à revendiquer, toujours et toujours, une part d'initiative dans ces idées de principe qui se sont enfin trouvées confirmées déjà par des tentatives d'application, maintenant goûtées par l'opinion. Je sais que, dans notre milieu de la Société des Etudes coloniales et maritimes, nous sommes tous absolument d'accord sur ce point, et que nous ne demandons qu'à réaliser notre programme, dont la haute direction se trouve honorée et justifiée par les noms les plus sympathiques du passé comme du présent que vous connaissez et qui sont l'illustre garantie de nos actes.

Nos travaux ont pour but d'aider et même de contribuer à faire une France toujours grande et prospère sur les mers comme dans les colonies.

La question de l'éducation coloniale dans le sens économique, purement économique du mot est cependant encore dans l'œuf.

Je ne puis que la recommander en passant à votre attention, car l'article 3 de nos statuts dit que nous pourrons aussi exercer notre action par l'enseignement. Le champ nous est donc ouvert à l'infini pour l'éducation coloniale, ayant pour but de faire dans les pays lointains français de la colonisation utile et pratique et de préparer pour la lutte économique des générations de colons agricoles, commerciaux et industriels, prêts à faire leurs affaires au loin en même temps que celles du pays.

Je dit que le Congo, dont nous nous occupons aujourd'hui, s'offre à nous pour cela ; que c'est dans ce pays qu'on trouvera surtout un aliment pour les aspirations de notre grande jeunesse, pour les jeunes initiatives amoureuses du nouveau et de l'inconnu et soucieuses en même temps de leur avenir, selon leurs ambitions spéciales. On a à sa disposition un pays immense, absolument neuf, qui tend simplement les bras à toutes les aspirations, un pays qu'il faut adapter et transformer.

La population du Congo se compose d'un mélange de races indigènes sans originalité propre, confondues comme à plaisir, tantôt différentes, tantôt identiques dans les usages et disputant à la race toute particulière das Pahouins ou fans, *encore anthropophages*, l'influence qu'ils perdent petit à petit devant ces antagonistes absorbants. Tous ces indigènes ne nous sont pas hostiles, bien au contraire ; on est peut-être plus en sûreté chez eux qu'en Europe.

Après avoir cité le Pahouin ou fan, descendant des Niam-Niam, nous trouvons : le M'Pongué ou Gabonnais pur, dont la femme, entre parenthèse, a un penchant plus qu'accentué pour la danse, la coquetterie et la galanterie, quoique cependant la nature lui ait, par contraste, refusé les dons précieux de la beauté ; le Boulou ou habitant de la rivière Moudah au Nord ; le Batanga, riverain de la rivière Campo ; le Bakalé, provenant de l'Ogowé ; l'Abongo ; les Cap Lopez ; les Okandas ; les

Adoumas ; piroguiers célèbres ; les Batekés ; les Afourous ; les Oubaudji ; les Loango et, enfin, les Congo, qui diffèrent encore entre eux selon qu'ils sont disséminés sur l'immense fleuve ou sur ses affluents.

La population européenne comprend les représentants ou employés des quelques maisons de commerce établies dans le pays, les fonctionnaires du gouvernement métropolitain ou local.

C'est un effectif très réduit au point de vue du nombre pour l'immensité de territoire à exploiter, et il y a lieu de constater que l'élément commercial, industriel et absolument indépendant, a le dessous dans la comparaison avec l'effectif du personnel des fonctionnaires. C'est la conséquence forcée de la période de début, organisation et exploration; mais si l'on se place au point de vue commerce, industrie, agriculture, la nationalité française se trouve déjà devancée largement par l'élément étranger. Cela tient peut-être à ce que l'initiative privée, en France, ignore encore, à l'heure qu'il est, la valeur du pays et est hésitante pour les entreprises à y tenter. Espérons que cela viendra, puisque la tâche ne fait que commencer.

Toutes les peuplades indigènes sont fétichistes, quelques-unes sont même anthropophages, et dernièrement, à quelques kilomètres de Libreville, près de Sibangue, ils se sont même livrés à un petit festin de chair humaine.

Entre parenthèse, pour punir les auteurs du méfait, on les a envoyés au Sénégal pour être jugés devant la cour d'assises par nos jurés. Je vous demanderai si la répression par notre justice civilisée a dû avoir pour ces sauvages les effets moraux qu'on pouvait en attendre.

On commerce avec eux par échange. Dans l'intérieur, on peut leur acheter un poulet avec deux ou trois perles en verres de toutes couleurs. Suivant les localités, on paye sa marchandise soit en cauries, espèce de coquillage, soit en toiles, soit en perles, soit en barres de laiton, etc. C'est la monnaie courante.

Si nous envisageons l'agriculture, par exemple, elle pourrait constituer une des principales richesses du Congo. On peut s'en faire une idée par l'exubérance de cette luxuriante végétation, surtout sur la côte. Mais l'horizon n'est pas limité seulement par les petites collines verdoyantes qui dominent le plateau de Libreville, les villages de Glass, de Louis, de Silbangue, d'Owendo et des environs où de rares essais de culture sont tentés par quelques particuliers et dans un modeste jardin officiel avec un certain succès.

Il me semble que, comme dans nos vieilles colonies, la Martinique, la Guadeloupe, la Réunion, c'est sur l'agriculture et l'élevage que devraient être basées les premières tentatives, quand ce ne serait que pour donner aux nouveaux arrivants les moyens de se procurer sur place une nourriture saine et fraîche, au lieu de la faire venir dans les glacières d'un paquebot ou en conserves, etc.

Je dis donc que, par l'utilisation pratique, prudente et productive du sol qui ne demande qu'à rendre au centuple ce qu'on lui confie, et qui est à notre simple disposition, sur une étendue presque double de celle de la France, la subsistance matérielle peut être assurée au Congo par le pays lui-même et que ce serait une autre victoire pacifique, complément nécessaire de la victoire diplomatique.

Avis donc aux agriculteurs, aux hommes de la partie. Qu'ils sachent bien qu'il suffit là-bas de semer intelligemment pour récolter, et qu'avec un peu de patience et de tenacité, ils pourront à leur avantage transformer les caprices de la nature, lutter avec elle et en faire plus tard une alliée féconde.

A propos du commerce, je dirai que l'étranger nous fait une concurrence sérieuse. Il est déjà presque prêt, en mesure d'utiliser et utilise même avec bénéfice la situation, au détriment de ceux qui viendront plus tard.

Il connaît déjà certainement mieux que nous le pays à tous les points de vue.

Quand on a énuméré les maisons Daumas et Cⁱᵉ, Sajoux et Cⁱᵉ, Brandon et Pecqueur, on a épuisé la liste de la vraie représentation commerciale métropolitaine, et, au point de vue patriotique, il est permis de se demander si le bénéfice de l'exploitation de la colonie en fait de rentrées budgétaires compense normalement la dépense du personnel administratif qui travaille en ce moment pour faire les affaires de l'exportation comme de l'importation étrangères.

Quelques statistiques vous en convaincront.

Justement frappé par ces constatations, le gouvernement local, alors que j'étais là-bas, a récemment fait appel aux Chambres de commerce de Bordeaux, Marseille, le Hâvre, Lyon et Paris, les priant de désigner des délégués pour venir sur place examiner la situation.

Ces délégués : MM. Schrimf, pour Lyon ; Barthelmé, pour Marseille ; Blanquart de Bailleul, pour Rouen ; Vaucamps, pour Paris ; Auchier, pour Bordeaux, sont venus à notre appel.

Ils ont trouvé près de l'administration toutes les facilités pour leurs missions dans les moyens relatifs qu'elle avait à sa disposition ; mais, malheureusement, ces délégués n'ont pu voir que la côte, en raison de la difficulté des communications avec l'intérieur.

Ils n'ont donc pas pu pénétrer complètement

les arcanes et les bases du commerce de l'intérieur.
Je ne pense pas qu'ils aient pu supposer qu'il y
avait à Loango un grand écriteau, sur lequel était
écrit : Défense d'ivoire ; mais c'est une simple
marchandise qu'il n'est pas défendu d'échanger
ou d'acheter.

C'est ainsi que je citerai, en le recommandant
à votre sérieuse attention, le rapport de M. Barthelmé, délégué de la Chambre de commerce de
Marseille, appuyé d'une appréciation de M. Borelli,
membre de cette Chambre.

C'est un document du plus grand intérêt à con-
sulter.

Cette tentative d'étude locale par les gens de la
partie ne constituerait donc qu'un premier essai
et un exemple. Il devrait être suivi de beaucoup
d'autres, provenant alors de l'initiative purement
privée et non plus du gouvernement.

Si l'on veut finir par connaître pratiquement ce
qui peut être tenté, même en grand, dans ces pays
équatoriaux, inconnus de nous pour ainsi dire en
ce moment, il faut aller soi-même voir, se rendre
compte ; puis, sur les données recueillies par des
hommes d'initiative de la partie, avec un peu de
confiance, organiser des entreprises qui, honnête-
ment conduites, seront rémunératrices, ce n'est
pas douteux.

L'organe officiel que, pendant mon séjour
là-bas, j'ai fait rétablir, publie chaque quinzaine
des documents statistiques sur le commerce, l'industrie et l'agriculture locales ; mais tous ces
renseignements, dans leur bonne foi, sont encore
insuffisants.

Ils ne sont pas d'accord avec la réalité, car ils
sont subordonnés à la bonne volonté et à l'exacti-
tude des transmetteurs et enregistreurs de données. Je n'aurais pas la prétention de prétendre

que l'administration locale du Congo est infaillible de ce côté.

Voici par exemple quelques données se rapportant au deuxième trimestre 1891.

Importation.. Fr. 670.823

Se décomposant en :

Marchandises françaises venant de France... 248.692
Marchandises des entrepôts, poissons secs, tabacs, sucres, huiles, avoines 21.393

Total .... Fr. 270.085

Marchandises d'Allemagne............... Fr. 191.098
— d'Espagne 2.796
— d'Angleterre................... 191.715
— des colonies portugaises 15.129

Total égal...... Fr. 670.823

Exportation.. Fr. 503.194

Marchandises dirigées sur France 46.840
— sur l'Allemagne 117.986
— sur l'Angleterre 270.143
— sur les colonies portugaises 690
— sur les colonies espagnoles 137
— sur les points non soumis aux droits..... 58.398

Total égal...... Fr. 503.194

Ce qui démontre que sur 670,823 francs d'importation pendant un trimestre la France figure seulement pour 270,085 francs, soit approximativement le tiers, et sur 503,194 francs d'exportation pendant le même temps, elle ne figure que pour 46,840 francs. C'est la moyenne officielle d'un trimestre.

En un mot, la colonie produit surtout pour l'étranger, et la France ne lui fournit que le tiers de ses besoins.

L'exportation consiste surtout en caoutchouc,

en huile de palme, en vins de palme, en bois rouge, en ébène, en ivoire.

L'importation, en marchandises d'échange, verroterie, armes, alcools, conserves, cauries et tissus.

Je me dispense de l'énumération de la statistique des pirogues, des caravanes pour les divers points. Ce relevé général doit suffire pour ce que je désire démontrer. Voilà pour le commerce.

Au point de vue industriel, ma foi tout est à faire là-bas.

L'industrie a à fournir tous les éléments primitifs indispensables qui n'existent pas, en vue d'améliorer nos moyens de pénétration et de communication avec l'intérieur, pour les transports et la facilité des échanges, pour approprier le pays, transformer les localités malsaines, rechercher les exploitations minières, qui ne manquent pas, utiliser tous les éléments naturels et surtout améliorer les conditions d'installation et d'hygiène.

Les mineurs auraient là-bas un champ d'action des plus vastes.

C'est un programme sans limite pour ainsi dire, et nécessairement aussi une question de temps et de capitaux.

J'ai dit qu'il fallait vingt-trois jours pour aller à pied de Loango à Brazzaville.

Les transports de matériel ont lieu à dos d'homme, à raison de 30 kilos par homme, et, fait curieux, ce sont les hommes qui font les bêtes de somme, dans un pays où vous avez à quelques kilomètres, à l'état sauvage, des bœufs, des éléphants, et où les étrangers nos voisins construisent déjà des chemins de fer. Complétez ce mode de transport par celui de la petite pirogue indigène, et, à part les deux ou trois petits vapeurschaloupes de flotille de la colonie et des maisons de commerce, le matériel naval absolument pratique n'existe que de nom. Les moyens de relation ne sont donc pas absolument perfectionnés comme vous le voyez.

Tous les terrains du Congo ont besoin d'être mis en état pour l'utilisation pratique. Il n'existe pas de routes, pas de ponts. Pour passer une rivière étroite, vous abattez un arbre ; ou, si vous préférez prendre un bain, vous entrez hardiment dans l'eau ou dans la vase.

Les raffinés se mettent à califourchon sur les épaules d'un laptot ou d'un milicien quelconque. C'est la manière fin de siècle de traverser en ce moment les cours d'eau. C'est peu pratique, vous l'avouerez.

Sur terrain ferme, ne croyez pas qu'il y ait des routes ? Pour voyager, il faut savoir grimper, sauter, nager, s'embourber au besoin, comme les gorilles ou les chimpanzés, et surmonter tous les obstacles de la nature absolument primitive du pays.

Au point de vue positif, c'est-à-dire au point de vue financier, voici comment les choses sont organisées là-bas. C'est une petite comparaison un peu caustique que je me permets de faire.

Le Congo constitue une immense chapelle où il n'y a que des officiants et pas de fidèles pour assister à l'office.

La chapelle est vide. Les officiants sont rangés autour de deux fétiches qui constituent le budget :

Premier fétiche. — Le service colonial et la subvention.

Deuxième fétiche. — Le service local du Gabon proprement dit, suffisamment prospère, entre parenthèse.

Le grand prêtre chante en *ut* majeur.

Le vicaire général en *si* bémol.

Le vicaire administratif en *la* mineur (le vicaire administratif, c'était moi).

Les autres vicaires détachés dans les postes vocalisent en dièze ou en sourdine.

Ceux-ci ne demanderaient pas mieux de jouer un peu de grosse caisse, mais ils n'ont malheureusement à leur disposition qu'un pauvre tamtam du pays, instrument dont l'harmonie est inconnue en France.

Dans ce magistral concert sous l'Equateur par 0° de latitude, tout le monde est satisfait bien entendu, puisque grâce à l'absence de fidèles pour entendre et apprécier, les exécutants seuls jugent l'œuvre.

Tout le monde est alors d'accord pour affirmer que tout est pour le mieux dans le meilleur des mondes et on serait même disposé à soutenir qu'il n'y a pas lieu de changer d'antienne. J'en sais quelque chose personnellemnt.

Pendant ce temps-là, le pays, n'ayant pas occasion de se faire valoir, continue à végéter malgré tous les avantages qu'il peut offrir, et ceux qui cherchent le progrès rapide et des innovations sont taxés d'excès de zèle et deviennent gênants dans l'exécution du programme d'admiration mutuelle et félichiale du Congo. Les indigènes restent muets et admirent étonnés.

Voilà la vérité.

Aussi routes, constructions, travaux publics, améliorations et appropriations comme organisations de toutes sortes attendent-ils des jours meilleurs comme l'hôpital sur la terre ferme et non sur un ponton.

Quand on parle de tout cela là-bas, on vous traite d'utopiste ou d'administrateur à imagination féconde, et on vous répond, simplement : Donnez-nous de l'argent et des bras. Nous ne sommes pas d'ailleurs, pressés. Cela viendra.

Voici pourtant ce que je disais à M. de Brazza, au mois de décembre 1891, dans mon exposé des motifs de l'exercice 1892, lequel a été publié et qui, d'après ce qui m'est revenu, n'a pas eu le don de contenter tout le monde, paraît-il.

« En résumé, M. le Commissaire général, il résulte des tableaux qui vous sont présentés, cette heureuse constatation : que les prévisions budgétaires ont été combinées avec assez de prudence puisqu'il a été possible de liquider un arriéré considérable et de solder en 1891 une dette de 338.401 francs envers la métropole, tout en assurant les besoins courants.

On peut constater, à l'avantage de l'énergie vitale de la colonie, qu'on a pu arriver à ces résultats, exclusivement avec les propres ressources locales, sans même entamer le second semestre de la subvention métropolitaine qui n'est entré en consommation qu'en octobre.

Nous aurions pu, cependant, escompter certaines ressources complémentaires créées dans le courant de la présente année, notamment les licences et les droits sur les caravanes du Sud. Entre parenthèse, ces droits sur les caravanes constituent pour moi un renchérissement des transports qui sont cependant primitifs et coûteux.

La situation se trouve donc définie sous réserve des créances diverses, qui pourront encore vous être notifiées de l'intérieur, mais j'appuierai sur ce point, que c'est pour ainsi dire la première année que la colonie du Congo, unifiée de fait, entre dans une voie nouvelle et vous présente son propre et unique budget. Elle ne constitue plus maintenant, depuis le décret du 30 avril 1891, un composé hybride de territoires disséminés, annexés

successivement, administrés chacun suivant un
·mode spécial et relevant politiquement d'un centre
déterminé.

Elle est aujourd'hui une colonie compacte, avide,
elle aussi, de s'épanouir, dont tous les points doivent être solidaires les uns des autres, animés
d'aspirations communes et identiques, et com-
prenant qu'ils doivent tous s'identifier dans cette
unité qui a été proclamée.

C'est l'union de tous ces intérêts particuliers
qui, compacts et fusionnés, constituera, de fait,
l'intérêt général du grand tout qui a nom Congo
français.

Les circonscriptions administratives, géographi-
quement bien comprises et bien agencées au point
de vue politique et administratif, obéissant sous
l'égide du pavillon de la France à une impulsion
unique à l'aide de délégués convaincus de l'autorité
centrale, pourront, avec l'exubérance de production
qu'on obtiendra du commerce, de l'industrie et de
l'agriculture, largement encouragés, rémunérer et
récompenser la France des sacrifices qu'elle aura
pu s'imposer pour arriver à l'unité coloniale rêvée
sur notre terre d'Afrique.

J'avais donc à ce moment, comme vous le voyez,
grande et pleine confiance dans l'avenir. Malgré
mes découragements du moment et malgré le
travail plus qu'opiniâtre dont j'étais accablé et qui
avait compromis ma santé, je ne cachais pas,
néanmoins, qu'il restait encore beaucoup à faire
et à améliorer et qu'il ne fallait pas hésiter à pré-
voir les charges et conséquences futures de la
situation.

Voici, maintenant, comment j'envisagerais la
solution de la mise en valeur de ce pays primitif.

D'abord, amélioration plus complète et plus rapide des communications avec la métropole et les

postes. On peut, en effet, comme les Portugais le font avec San-Thomé, communiquer avec la métropole en dix-neuf jours au maximum. On peut et on doit accorder très facilement des concessions à qui le demandera. Un arrêté récent, pris sur ma proposition, a d'ailleurs réglementé le système des concessions.

Il a été créé à Libreville un musée commercial pour lequel les négociants du pays, d'initiative absolument personnelle, ont fourni des dons gracieux, même de l'argent, désirant contribuer de fait à la création et seconder les efforts de l'administration.

Entre parenthèse, ce musée commercial existait déjà lorsque les instructions spéciales du département sont parvenues dans la colonie sur la création des musées commerciaux.

En résumé, pour ma part, j'ai cherché, en dépit de tous les obstacles, à secouer le *farniente* naturel au pays et à changer certaines habitudes invétérées de torpeur soutenant que le *statu quo* n'était pas le progrès. J'ai semblé avoir tort de penser ainsi.

J'avoue qu'il devrait exister en France une sorte de crédit colonial, c'est-à-dire une confiance plus sérieuse et plus complète dans la valeur économique de nos territoires lointains.

Si l'on était moins prompt à se laisser aller au découragement lorsque les résultats attendus n'ont pas donné ce que l'on attendait au bout de quelques semaines, on arriverait sûrement à la réussite rien qu'avec le temps et de bonnes méthodes.

Dans cet ordre d'idées, il ne faut pas que l'accessoire tue le principal et que les intermédiaires, ou acteurs secondaires, étouffent à l'origine à leur profit le vrai programme dont on a escompté la réussite sur les renseignements réels et authentiques de ceux qui ont vu. Mais, dans cet ordre d'idées, pour constituer de fait un véritable crédit colonial pouvant permettre toutes les tentatives, tous les essais, il faut deux conditions : 1° Une ténacité ferme et permanente dans la politique en vue de l'application des programmes admis ; 2° une surveillance honnête et positive dans l'exécution des clauses et conditions imposées aux agissants.

Ces deux conditions constitueront les éléments de la confiance individuelle qui n'aura plus alors de crainte et d'hésitation avant de se lancer et d'engager des capitaux.

Au besoin, le système des grandes compagnies de commerce, qu'il est question de faire revivre, approprié à notre législation et à nos habitudes modernes, pourrait être tenté dans ces pays absolument nouveaux et constituerait de fait un écran de transition susceptible de hâter, tout au moins, la mise en valeur immédiate et de faciliter la tâche du gouvernement de la Métropole.

Avec un peu de suite dans les idées, en ne changeant pas le système suivant les hommes ou le courant d'opinion du moment, avec un contrôle honnête et permanent, on arrivera, au point de vue administratif, à unifier complètement la colonie, à améliorer les conditions d'hygiène, d'installation, de communication, à la faire complètement connaître et à activer surtout l'initiative purement privée de France. Certainement, les premiers arrivants qui auront le choix seront les mieux partagés.

Il ne suffirait plus, en mettant ces théories en application, que d'attendre les résultats définitifs du principe admis. C'est dans un pareil système que résident les vrais intérêts purement économiques (agriculture, commerce, industrie) de nos colonies en général.

Offrez-en faisant au besoin une large propagande, à l'exploitation privée toutes ces immenses étendues de terre. Donnez-les. Concédez-les aux conditions les plus avantageuses à des Compagnies, à des Sociétés, à des individualités qui peuvent avoir intérêt à les mettre en valeur et même à s'associer dans ce seul but.

Déterminez, d'après un plan général de principe, les obligations que vous imposerez pour le cadeau généreux que vous ferez.

Exigez strictement l'exécution de ces obligations.

Protégez le crédit colonial en lui donnant la sûreté et l'aisance de coudes dont il a besoin.

Garantissez au besoin son fonctionnement comme sont garanties les banques de l'Etat.

Soyez prudents et circonspects pendant la période de création pendant laquelle il faudra se défier des engouements hâtifs comme de l'accaparement. Ne tablez que sur des données positives et sûres et vous verrez si, en moins d'un quart de siècle, vous n'aurez pas rétabli la confiance et préparé des bases d'action sérieuse pour la génération qui nous suit.

La plupart des terrains du Congo ont besoin, avant tout, d'une appropriation utilisable.

Après le défrichement et l'adaptation provisoire, les concessionnaires, au fur et à mesure de la conquête sur la nature sauvage, pourraient dire à des colons : « Venez travailler avec nous. Avec notre appui, vous allez vous installer ici, vous bâtirez une maison ; je vous aiderai à la construire. Pour garantir la rémunération de mes avances, vous me verserez ensuite annuellement où semestriellement une part de vos revenus. Que vous soyez agriculteur, commerçant ou industriel, et, au bout d'un temps donné, vous serez propriétaire et devrez l'impôt au pays. A moi, Société, l'Etat me donnera en échange un nouveau terrain équivalent en gagnant toujours sur le pays exploré et approprié. »

N'est-ce pas de fait la constitution du Crédit colonial dont je viens de parler.

Il faudra des bras pour un pareil programme. Mais, pourquoi la terre d'Afrique, qui fournit si généreusement encore à l'esclavage, ne nous fournirait-elle pas ces bras chez nous-mêmes au Congo ?

Vous pourriez, par une simple réglementation, spécifier que l'indigène lui même pourrait aider à cette transformation, cela grâce au progrès de l'éducation et à son adaptation méthodique au système. Pourquoi se refuserait-il à l'engagement volontaire fournissant à son engagiste, à des conditions déterminées, cinq jours de travail rémunérés, se réservant les deux autres jours de la semaine pour son terrain personnel, pour ses plantations, pour son métier.

C'est ainsi que pourra se constituer avec le temps la main-d'œuvre agricole, commerciale et industrielle. Voici d'ailleurs ce qu'en pensait M. de Brazza lui-même au Congrès colonial de 1889. Ce sont ses propres paroles.

« Voilà quinze ans que nous sommes au Congo. La période de tâtonnements touche à son terme et l'exploitation de ce vaste territoire va commencer. Dans les dernières années, nous avons fait surtout des études. On a parcouru le pays ; on s'est rendu compte de ses ressources ; on a recherché les régions habitables et susceptibles d'une mise en valeur. Aujourd'hui, nous savons dans quel sens orienter nos efforts.

Le Congo peut être divisé en deux zones : la

zone maritime et la zone intérieure. L'exploitation de la première est entièrement subordonnée à l'établissement d'une grande voie de communication. C'est ce qu'a parfaitement compris le gouvernement de l'Etat indépendant du Congo. Il vient de décider la construction d'une voie ferrée partant du littoral pour l'intérieur.

Dans l'une et l'autre zone, le sort de l'entreprise de mise en valeur dépend de l'organisation du travail indigène.

Pendant quatre cents ans, l'Afrique a été le grand réservoir de la main-d'œuvre. Le monde entier y a puisé. La traite a eu sur les indigènes une action démoralisatrice qu'on sentira longtemps encore ; elle les a détournés du labeur et si ce grand continent est encore dans l'enfance, cela tient aux effets funestes du commerce des esclaves ; je crois qu'il ne peut devenir réellement fécond et prospère que par le travail libre de ses habitants. Il faut ajouter que partout où notre civilisation pénètre sans se heurter au fanatisme musulman une transformation s'accomplit. »

En résumé nous devons avoir confiance dans l'avenir et je le répète, le gros du problème à résoudre, c'est de développer chez les indigènes des besoins et des intérêts qui les amènent à fournir librement une main-d'œuvre libre.

Le succès dépendra de là.

Voici maintenant l'appréciation personnelle d'un membre de la Chambre de commerce de Marseille M. Borelli :

« Le récent partage de l'Afrique attribue à la France, par l'interland de ses possessions algériennes et du Congo, une sphère d'influence représentant environ le tiers du continent. C'est vingt fois la superficie de notre France européenne.

La métropole est absolument impuissante à

mettre en valeur ces immenses contrées par les procédés administratifs. Ou nous devons avouer notre incapacité à la face des autres nations, ou nous devons comme elles procéder par la voie des grandes compagnies. De plus, les taxes établies doivent trouver leur compensation et leur application en travaux utiles au commerce qui les a payés ou qui les paye : ports, warfs, routes.

C'est de la justice absolue. »

Au Congo, tous les délégués du commerce s'accordent à déplorer le manque complet de routes de terres, qui rend inexploitable la plus grande partie de l'immense territoire et, pendant que les transports se font à 1,000 francs la tonne, entre Loango et Brazzaville, les Belges font un chemin de fer ; les Portugais ont déjà le leur en exploitation.

De plus, pour l'instruction publique au Congo, je dis que le rôle de l'administration a consisté jusqu'à ce jour à payer des subventions sans avoir la faculté ni même la possibilité de se rendre compte des progrès réalisés.

La propagation de la langue française est relativement peu développée et il ne faut pas être bien exigeant pour se trouver satisfait là-bas.

Nos indigènes parlent aussi bien l'anglais que le français en plein Libreville, et les méthodistes anglais ne sont pas les derniers dans la concurrence ouverte par l'éducation.

Pour les affaires judiciaires, les solutions se faisaient vraiment attendre trop longtemps, grâce à l'organisation primitive et rudimentaire du seul tribunal qui existait. Les appels devaient se faire devant la cour d'appel qui était au Sénégal. Perte de temps. Augmentation des frais. Difficultés. Résultats moraux insuffisants pour le pays. On vient de remédier à la situation récemment, par

décret, mais il faudra nécessairement perfectionner et perfectionner toujours ce que j'appellerai le
provisoire créé, et cela au fur et à mesure de la
constatation des résultats.

Au Congo comme partout, la justice doit être la
sauvegarde née du développement des affaires.
C'est une garantie, un élément de confiance de
plus à ajouter au programme, aussi bien pour la
sécurité des personnes que pour la sûreté des
intérêts.

De tous ces éléments, de toutes ces indications,
que faut-il conclure ? C'est qu'il est temps de se
mettre à l'œuvre et de prendre en considération
les avertissements de ceux qui ont eu l'avantage
de voir par eux-mêmes.

Qui bénéficiera de tout cela ?

La colonie d'abord, la métropole ensuite et
l'Etat, personnification de la métropole, aura l'or-
gueil et la satisfaction d'avoir créé un pays sachant
par ses propres éléments faire ses affaires en même
temps que celles de ses habitants.

Les habitants ? Il faut d'abord savoir les attirer,
puis les conserver ensuite. L'important pour l'Etat,
dans le système des Compagnies et dans la mise
en valeur, est de savoir à qui il s'adresse, et, une
fois le contrat passé, d'en surveiller la ferme et
honnête exécution.

Soyons donc intéressés et pratiques comme nos
voisins et concurrents coloniaux.

Par le temps qui court, ce n'est pas par des
paroles, par des récits plus ou moins imagés de
purs littérateurs, que nous devons envisager la
mise en valeur des pays absolument neufs que
nous occupons. Ce n'est pas non plus en y envoyant
des fonctionnaires et des administrateurs avec un
titre et en grand nombre que nous les ferons
prospérer. Ceux-ci ne doivent être que la consé-

quence forcée de l'initiative privée. C'est donc cet élément indépendant qu'il faut convaincre. Cet élément individuel doit se déplacer, apprécier *de visu*, chercher, fouiller et donner naissance aux entreprises de nécessité première d'abord, d'utilisation pratique ensuite. Il faut savoir baser sur des assises sérieuses et inébranlables les placements comme les déplacements de l'avenir.

La chose à mon avis est possible avec un peu de confiance, un peu de patriotisme et un jugement sain et droit.

Je ne suis pas, comme vous le voyez, de ceux qui pensent que tout est pour le mieux dans la meilleure des Afriques, mais je crois qu'il vaut mieux ne pas cacher la vérité. Notre intérêt patriotique est en jeu et nous devons savoir utiliser d'après nos moyens modernes ce qui est à nous maintenant.

Toujours est-il que les heureuses constatations de nos explorateurs, les Brazza, les Mizon, les Binger, les Monteil, les Dybowski sont là pour prouver qu'il ne faut pas désespérer.

Ne nous décourageons donc pas.

Messieurs et chers concitoyens,

Ja souhaite que vous ne voyiez dans cet exposé de mes impressions que la conviction profonde résultant de constatations précises dans les milieux où les obligations de ma carrière administrative m'ont placé par circonstance.

J'ai vu suffisamment pour apprécier, louer ou critiquer. Excusez-moi d'avoir été un peu aride et positif. Je vous ai communiqué des idées personnelles, confiant dans votre juste appréciation et désireux de contribuer avec vous dans ma mo-

deste sphère à l'honnête et saine propagande ins-
crite dans le programme de la Société des études
coloniales et maritimes, *Pro Patria* : Pour la
France.

L'ÉLECTION DU CONGO FRANÇAIS

Au Conseil Supérieur des Colonies

L'Election du Congo français au Conseil supérieur des Colonies est décidément fixée au
15 décembre prochain, ainsi qu'il résulte d'un
arrêté du Commissaire général inséré au *Journal
Officiel* de la Colonie du 20 juillet, convoquant le
collège électoral.

A cet égard, on remarque que des dispositions
administratives sérieuses ont été prises à cet effet
dans ce pays pour garantir efficacement les résultats attendus du scrutin local.

Les candidats sont nombreux et leurs déclarations, qu'entre parenthèse avec une louable fran-
chise a publiées le *Journal Officiel* local, sont
toutes empreintes, sans animosité, de cet esprit de
progrès colonial qui semble actuellement passion-
ner l'opinion même en France.

J'ai tout lieu de croire qu'un candidat avoué au
Conseil supérieur des Colonies qui, lui aussi,
pense réunir certaines conditions pour briguer le
suffrage de ses concitoyens a bien le droit de
suivre avec un certain intérêt le cours des évènements actuels, de même que les agissements ou

tendances des milieux, désintéressés, hostiles ou favorables à sa canddiature, en même temps que les critiques ou muettes sympathies dont chaque personnalité qui figure dans la mêlée peut être l'objet ou la cause.

Comme les candidats sont fort nombreux, ce qui tendrait à prouver que la question en vaut peut-être la peine à bien des points de vue, l'hésitation est possible et l'enquête à laquelle on voudrait se livrer offre peut-être certaines difficultés, car lorsqu'il s'agit d'approfondir effectivement le but, les intentions et désidératas de chacun des concurrents en particulier ou bien les sentiments des électeurs intéressés, on risque fort de planer dans le vague en la matière dans ce pays colonial encore en formation de ce fait.

S'il s'agit de tabler d'emblée sur la base de l'Idéal en matière de scrutin électoral au Congo, il y a peut-être des nuances à établir, et puisque les Congos semblent préoccuper ardemment en ce moment l'opinion des contemporains, il peut naître différents jugements personnels, suivant qu'on se place à certains points de vue tout spéciaux en matière africaine ou qu'on recherche pour le pays choisi les meilleurs et les plus clairs horizons.

C'est donc l'ensemble de tous les objectifs qui va se trouver résumé dans la sanction purement morale des votes locaux là-bas.

L'occasion me semble propice pour attirer de nouveau l'attention des intéressés sur la façon dont j'ai apprécié la situation en 1893 notamment, puisqu'en 1895 mes impressions ne se sont aucunement modifiées.

Ce qu'il importe de bien définir pour un candidat dans ce concert actuel c'est que les sentiments d'origine ne se sont pas modifiés, qu'ils se sont même accentués et que les événements postérieurs n'ont fait que corroborer les convictions premières. Reste donc l'occasion de justifier les théories par des actes. Elle s'offre le 15 décembre prochain et j'ai cru devoir risquer l'épreuve.

Il est utile au dernier moment de ne pas laisser tomber dans l'oubli ou dans l'indifférence les déclarations déjà faites en vue du scrutin et de confirmer par suite des intentions déjà connues et vulgarisées.

Je déclare que l'heure est peut-être venue de modifier certaines de nos méthodes coloniales, d'approprier nos immenses territoires outre-mer à nos intentions comme à nos besoins actuels, et ce n'est pas faire acte d'ambition malsaine ou de gloriole injustifiée, de se porter candidat dans une élection patriotique de ce genre.

Ayant rapporté du Congo en France, dans des conditions délicates, certaines impressions très favorables qu'entre parenthèse j'ai cherché à vulgariser avec ardeur dans le milieu des études coloniales et maritimes, il est facile de se faire une idée des théories dont j'ai cru devoir être un des champions. L'embryon de mes rêves administratifs d'antan est certainement perfectible. Si donc j'escompte aujourd'hui avec enthousiasme et conviction le souvenir d'anciennes relations comme l'impression de ceux qui m'ont connu à l'œuvre ou qui, jeunes ou contemporains, m'ont remplacé ou suivi là-bas, c'est que j'ai une entière confiance dans l'Idéal tracé, idéal que je me sens encore capable de poursuivre et de défendre.

J'offre donc mon concours et ma part de travail au gouvernement républicain, aux représentants officiels de mon pays là-bas et promets de défendre avec ardeur le développement purement naturel du Progrès et de la Civilisation sur ces terres peut-être encore incomprises mais susceptibles pourtant d'un avenir certain.

CH. CERISIER.

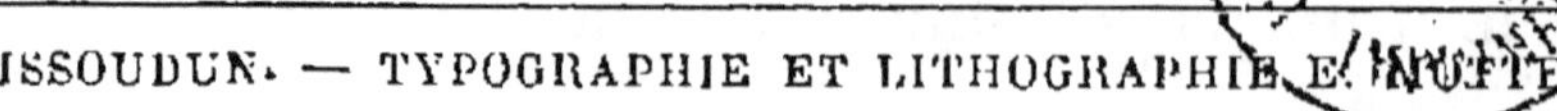

ISSOUDUN. — TYPOGRAPHIE ET LITHOGRAPHIE E. INUFET